NOTICE

SUR

NOTRE-DAME-DE-PAIX.

INPRIMERIE DE DIDOT JEUNE.

se trouve rue pic pus. 18.

REINE DE PAIX,

priez pour nous.

Notice historique

SUR LA

STATUE MIRACULEUSE

DE

NOTRE-DAME-DE-PAIX,

Vénérée

DANS LA CHAPELLE DES SOEURS
DE LA CONGRÉGATION DES SACRÉS COEURS
DE JÉSUS ET DE MARIE,
ET DE L'ADORATION PERPÉTUELLE
DU TRÈS-SAINT SACREMENT DE L'AUTEL,
A PARIS, RUE DE PICPUS, N° 15;

PAR F.-J. HILARION,

Prêtre de Picpus.

PARIS,

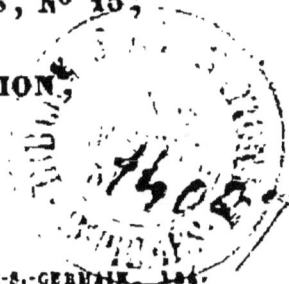

M. SÉVÉNIER, RUE DE GRENELLE-S.-GERMAIN, 14.

A LA SOCIÉTÉ DE SAINT-NICOLAS,

RUE DES MAÇONS-SORBONNE, 15. | RUE DE VAUGIRARD, 9S.

PERISSE FRÈRES, LIBRAIRES,
Rue du Pot-de-Fer, 8.

A LYON, MÊME MAISON, GRANDE RUE MERCIÈRE, 33.

—

1837.

Il y a aussi des Médailles de Notre-Dame-de-Paix frappées par M. Imbert Sévénier, rue de Grenelle-St.-Germain, n° 124.

NOTICE
HISTORIQUE

Sur la statue miraculeuse de Notre-Dame-
de-Paix, vénérée dans la chapelle des
sœurs de la congrégation des sacrés
cœurs de Jésus et de Marie et de l'adoration perpétuelle du très saint sacrement de l'autel, rue Picpus, 15.

***

Le culte de Marie remonte au ber-
ceau du christianisme. Les Fidèles de
tous les siècles comme de tous les
pays, en adorant le Fils, se sont em-

1

pressés d'honorer la Mère. Les grâces multipliées, obtenues par son intercession puissante, n'ont fait qu'ajouter à leur dévotion et à leur confiance. Voilà pourquoi on rencontre, dans toutes les parties du monde chrétien, tant d'autels et de temples érigés en l'honneur de la bienheureuse vierge Marie. De pieuses associations la regardent comme leur protectrice ; des ordres religieux lui sont consacrés. Quel pays ne possède pas quelqu'une des statues vénérées, où la Mère de l'Homme-Dieu est représentée sous divers emblèmes? Ici *c'est Notre-Dame de Bon Secours. Là, Notre-Dame de Liesse.* Ailleurs *Notre-Dame de la Délivrance, Notre-Dame des Anges, Notre-Dame de Bonne Nouvelle, Notre-Dame de la Compassion, Notre-Dame de Pitié, Notre-Dame des Sept Douleurs, Notre-Dame de Miséricorde, Notre-Dame des Grâces, Notre-Dame de Consolation, Notre-Dame des Agonisants, Notre-Dame de Foi, Sainte Marie du Cœur,* titres augustes, qui caractérisent si bien la tendresse de Marie pour les hommes.

Parmi ces images auxquelles les

chrétiens dévoués à la très sainte
Vierge rendent un culte spécial, il
en est une connue particulièrement
sous la dénomination de *Notre-Dame-
de-Paix*. Cette statue n'a que onze
pouces de hauteur, sans le piédestal.
Elle est de couleur brune tirant sur
le noir, et d'un bois dont il serait
difficile de spécifier la qualité d'une
manière précise. La Vierge-Mère y est
représentée avec majesté, tenant son
divin Fils sur son bras gauche.

On ne sait pas dans quel siècle cette
pieuse Image a été faite, mais son

antiquité ne peut être révoquée en doute. La maison de Joyeuse en demeura long-temps en possession , et ce dépôt précieux était toujours confié à celui des descendants de cette illustre famille , qui montrait le plus d'empressement pour l'obtenir, et le plus de dévotion pour Marie. Sous le règne de Henri III , elle fut donnée au duc de Joyeuse , si connu depuis sous le nom de Père Ange, lorsque, renonçant aux grandeurs du siècle, il se fit capucin. Il se félicita de ce que Notre-Dame-de-Paix était devenue une portion de son héritage.

1*

Ce fut en priant à ses pieds qu'il se sentit inspiré d'embrasser la vie religieuse; et, par reconnaissance de ce bienfait, il lui fit construire une chapelle dans son hôtel de la rue Saint-Honoré. Les religieux minimes de Nyon venaient y célébrer tous les jours le saint sacrifice, et il fut permis aux fidèles d'y assister, afin qu'ils pussent satisfaire leur tendre dévotion pour la Mère du Sauveur.

Les Révérends Pères capucins n'avaient à cette époque qu'un hospice dans la rue Saint-Honoré. Henri III leur fit construire un couvent dans la même rue vers la fin du seizième siècle. Le duc de Joyeuse donna pour cet effet une partie du terrain qui dépendait de son hôtel. La chapelle de Notre-Dame-de-Paix s'y trouvant comprise, on la détruisit pour agrandir le jardin, et l'image de bénédiction fut placée sur la porte extérieure, où elle demeura environ soixante ans. Des mémoires du temps rapportent que, pendant plusieurs années de suite, une lumière éclatante parut, durant la nuit, sur le lieu où était déposée la statue de Notre-Dame-de-Paix. Plusieurs fidèles venaient assidûment y adresser des vœux à la très sainte Vierge. On remarqua pendant plusieurs années consécutives, un jeune homme d'une figure intéressante qui venait régulièrement tous les samedis, apporter des fleurs et prier aux pieds de Notre-Dame-de-Paix, et qui disparaissait ensuite sans que l'on pût jamais découvrir qui il était, ni d'où il venait. Aussi on crut assez généralement que c'était un ange envoyé du Ciel pour honorer Marie. Il continua jusqu'à ce que la sainte image fût transportée dans l'église des capucins.

Madame la marquise de *Maignelay* faisait brûler, chaque samedi, un cierge d'une livre devant l'Image de Marie. Elle ordonna, par son testament, que cette pieuse pratique fût continuée après sa mort. Ses dernières volontés furent exécutées très fidèlement.

Deux dames anglaises, ayant embrassé la foi catholique, avaient été dépouillées des biens considérables qu'elles possédaient en Angleterre, et obligées de se réfugier à Paris. Elles vivaient du travail de leurs mains, dans un quartier peu éloigné de la sainte Image. Elles se faisaient un devoir de l'orner les jours de fêtes. Diverses circonstances les ayant mises dans la nécessité de quitter leur demeure, elles prièrent une personne de leur connaissance de se charger des ornements qu'elles avaient consacrés à Notre-Dame-de-Paix, afin que le tribut de vénération qu'elles avaient payé jusqu'alors à la très sainte Vierge, ne fût pas interrompu. L'honorable commission fut refusée. *Vous ne méritez pas, dirent les pieuses Anglaises une faveur dont bien d'autres seraient jalouses.*

Parmi les fidèles serviteurs de Marie, se faisait remarquer un frère capucin, nommé Antoine de Paris. Il vivait dans une grande pauvreté, aimait à garder le silence, et son humilité lui faisait choisir de préférence les emplois les plus vils. Il s'occupait à faire des draps, pour vêtir les religieux. Il travaillait près de la porte, où était Notre-Dame-de-Paix. Dans ses moments de loisir, il cultivait un petit jardin, et de concert avec un autre saint religieux, nommé Simon Dici, il en cueillait les fleurs les plus belles, qu'il allait offrir à Notre-Dame-de-Paix. Comme on lui demandait pourquoi il choisissait cette Statue pour l'honorer préférablement à tant de belles images de Marie, qui étaient dans le couvent, après avoir long-temps gardé le silence, suivant sa coutume, il répondit enfin, que cette statue de la Sainte Vierge placée sur la porte, lui touchait le cœur; et qu'avant peu de temps, cette vénérable Image serait un instrument dont Dieu se servirait pour opérer de grandes merveilles. Il mourut vers l'an 1647, plein de jours et de bonnes œuvres.

La prédiction de ce bon religieux ne tarda pas à s'accomplir. La sainte Image était toujours placée sur la porte extérieure de l'enclos des capucins, lorsque, le 22 juillet 1651, on entendit tout à coup, sans qu'on pût dire à quelle occasion, d'abord des enfans, et ensuite un grand nombre d'autres personnes chanter le *Salve Regina* (1) avec une grande dévotion.

(1) Cette belle et touchante prière fut composée dans le douzième siècle, par Adhémar de Monteil, évêque du Puy lorsqu'il accompagna Godefroi-de-Bouillon dans la première croisade.

2

On chantait avec une telle effusion de
cœur, que les fidèles, qui demeuraient
dans les environs, accoururent et s'u-
nirent aux premiers. Le bruit de ce
qui se passait à l'occasion de Notre-
Dame-de-Paix, s'étant répandu dans
la ville et les faubourgs, on y vint en
procession, les pieds nus, en chan-
tant les litanies de la Sainte-Vierge.
Beaucoup de malades s'y firent por-
ter, dans l'espoir d'obtenir leur guérison : leur confiance ne fut pas trom-
pée. Le chant du *Salve Regina* était
souvent interrompu par les cris répé-
tés : Miracle ! miracle ! La nuit survint ;

mais elle n'empêcha pas le concours du peuple qui continua les jours suivants.

Le Père Médard, capucin, qui a publié, en 1659, une histoire de Notre-Dame-de-Paix, rapporte plusieurs guérisons miraculeuses qui eurent lieu à cette occasion, et il y joint un assez grand nombre de procès-verbaux, destinés à les constater.

Le 1er miracle dont il fait mention (*voir pièces justific.*, n° 1), est du 30 juillet 1651. Une femme, Christine de Bar, avait à la jambe un ulcère, que les chirurgiens, après avoir em-

ployé vainement plusieurs remèdes,
regardaient comme incurable. Elle ne
pouvait marcher qu'avec deux béquilles. Elle fit une neuvaine à N.-D.-de
Paix, et fut guérie le neuvième jour,
non seulement de l'ulcère, mais de
plusieurs humeurs malignes, répan-
dues sur tout son corps, et qui étaient
regardées comme le principe de son
mal. Cette guérison eut lieu le diman-
che. Un grand nombre de fidèles,
qui virent cette femme marcher tout
à coup sans aucune peine, et qui
l'avaient vue auparavant infirme, se
mirent à crier au miracle, et à bénir

la très sainte Vierge. La maladie et la guérison furent attestées par cinq personnes, qui connaissaient parfaitement Christine de Bar, et en particulier par son chirurgien.

Une femme de Roye, paroisse de Saint-Pierre, en Picardie, nommée Marie Varlot, était affligée depuis sept ans d'une paralysie occasionée par une fluxion, et qui s'était répandue sur la moitié du visage. Elle ne voyait plus que d'un œil, et encore très difficilement. On ne put trouver aucun soulagement à son mal. Elle avait

2

deux oncles, qui demeuraient à Paris.
Elle alla les voir en 1651. Ayant entendu parler des miracles qui s'opé-
raient devant Notre-Dame-de-Paix,
elle s'y transporta, le 12 août de la
même année, pria quelque temps, et
fut entièrement guérie.

Une demoiselle écossaise, nommée
Élisabeth Chambers, avait été exilée
à cause de son attachement à la Foi.
Retirée à Paris, elle se démit le pied.
Elle fut transportée à l'Hôtel-Dieu,
où pendant six mois, on essaya en
vain tous les remèdes. Elle ne pou-

vait plus marcher sans béquille. Elle
invoqua Notre-Dame-de-Paix, fit brûler plusieurs cierges devant la Statue
miraculeuse, et fut guérie le 15 août
1651. Ce fait est attesté par six
témoins, en particulier par un des
aumôniers de l'Hôtel-Dieu.

Le révérend Père Robert d'Hiber-
nie, religieux capucin, éprouvait une
grande faiblesse, accompagnée de
difficulté dans la respiration, de défail-
lance de cœur, et d'une chaleur exces-
sive dans la poitrine. C'était la suite
d'une fièvre tierce très violente dont il

avait été tourmenté. Plein de confiance dans la bonté de Marie, il fut guéri
le 22 août 1651, octave de l'Assomp-
tion, après avoir dit cinq *Pater* et
cinq *Ave Maria* devant son Image.

Claude Nicolin (*v. n° 2, 3*), fille de
Remi Nicolin et de Claude Moite, était
affligée depuis l'âge de 3 mois, d'une
espèce de lèpre qui lui couvrait tout le
corps. Elle demeura dans ce pénible
état pendant six ans et demi, sans
que l'art de la médecine pût y apporter aucun soulagement. Sa mère ayant
commencé une neuvaine à Notre-

Dame-de-Paix, le 3 septembre 1651, elle vit la lèpre tomber peu à peu, sans que l'on employât aucun remède; et le dernier jour de la neuvaine, l'enfant fut parfaitement guérie. Le fait fut attesté par le père et la mère de l'enfant et par deux chirurgiens. L'un d'entr'eux, nommé Lestourcel, l'avait médicamentée pendant quatre ans.

Jeanne Pâté, femme de Paul de Beauvalet, avait une main entièrement percluse depuis deux mois. Les doigts rentraient dans le creux de la main, et les jointures étaient très enflées. Elle en fut guérie, au mois de septembre 1651, en priant devant Notre-Dame-de-Paix.

Pierre Piloust, procureur du Roi à Melun, fut délivré pendant le même mois de septembre 1651, en priant devant Notre-Dame-de-Paix, d'un asthme très considérable, qu'aucun remède n'avait pu guérir.

A la même époque (*v. n° 4*), un enfant de sept ans, nommé J.-B. de Nicard, fils du garde-meuble du château de Madrid, fut parfaitement guéri des écrouelles à la fin d'une neuvaine devant Notre-Dame-de-Paix.

Dans le même temps Michel Froid'ère, cordonnier, qui, depuis trois ans, ne pouvait marcher qu'avec des béquilles, et dont l'infirmité avait été jugée incurable, ayant commencé une neuvaine à Notre-Dame-de-Paix, fut guéri le cinquième jour (*v. n° 5 et 6*).

Les merveilles opérées devant Notre Dame-de-Paix, la rendirent célèbre. On en parlait de tous côtés. Un grand nombre de curés et de religieux demandèrent la permission de transporter dans leur église la Statue miraculeuse, afin qu'elle y fût vénérée avec plus de décence, et s'adressèrent à Mgr l'Archevêque de Paris, pour obtenir cette autorisation. Il eût été injuste de priver les capucins d'un trésor si précieux. Le révérend Père Ange de Joyeuse, à qui Notre-Dame-de-Paix avait appartenu, et qui, pendant tout le cours de sa vie, avait attribué aux prières faites devant la pieuse Image les grâces multipliées qu'il avait obtenues par l'intercession de la très sainte Vierge, était enterré dans leur église. Il fut décidé que la Statue de Notre-Dame-de-Paix serait transportée dans une chapelle proche de son tombeau.

Le Supérieur du couvent fit cette translation le 24 septembre 1651. Il alla en procession prendre la sainte Image, précédé de tous ses religieux, qui tenaient un cierge à la main. Ils chantaient les Litanies de la Sainte Vierge, et les larmes qui coulaient de leurs yeux faisaient assez connaître la tendre dévotion dont ils étaient animés. Ils baisèrent avec respect, les pieds de la statue miraculeuse, avant qu'elle fût placée dans le lieu qui lui était destiné.

Les fidèles continuaient de venir prier la Reine de paix dans l'église des capucins, et de nouveaux prodiges manifestèrent la bonté compatissante de Marie envers ceux qui l'invoquaient avec ferveur.

Au mois de 7bre 1652 (*v. n° 7*), un orfèvre nommé Charles Queuvane, était réduit à l'extrémité par une fièvre violente, qui durait depuis vingt-cinq jours. Il avait perdu la connaissance ; on n'attendait que le moment de sa mort. Sa garde-malade se rend à l'église des capucins, allume une bougie devant Notre-Dame-de-Paix, et prie avec ferveur pour l'agonisant. A son retour, elle le trouva sans fièvre, n'éprouvant aucun mal de tête ; il ne lui restait plus que de la faiblesse.

La fille d'un chirurgien nommé François de Loville, était à l'âge de trois ans et demi dans un état continuel de faiblesse qui l'empêchait

de marcher. On fit pour elle une neuvaine à Notre-Dame-de-Paix, et elle fut
guérie le 3 août 1655. Ce fait fut attesté par plusieurs témoins, en particulier par le père de l'enfant, qui
reconnut que la guérison de sa fille
était surnaturelle.

Une femme, nommée Marie de
Loin, mariée à Baptiste Guérit, cordonnier, épuisée par une longue maladie, ne marchait qu'avec des béquilles, et encore très difficilement. Elle ne
pouvait même pas se lever de sa chai-
se sans secours. Elle fit une neuvaine

devant la pieuse Image, et elle fut parfaitement guérie le neuvième jour, 3 décembre 1655, pendant que l'on disait l'Évangile. Elle laissa ses béquilles à la chapelle. On en dressa un acte devant notaire, le 20 mars. 1656.

Antoine Duchesne (*v. n° 8 et 9*), fils de Jean Duchesne et de Marie Lesueur, tomba, étant encore enfant, dans une maladie de langueur, accompagnée de fièvre. Il fut dans ce triste état pendant quatre mois et demi, sans éprouver aucun soulagement. Le médecin,

le voyant réduit à la dernière extrémité, l'abandonna. Son père s'enga-
gea par vœu à faire une neuvaine à la
Reine de paix, si elle lui rendait son
fils. Aussitôt l'enfant commença à être
mieux, et à mesure que la neuvaine
avançait, la santé du malade se réta-
blissait aussi', de sorte qu'il ne lui
resta plus que de la faiblesse d'une si
fâcheuse maladie. Une autre circons-
tance augmenta la surprise et l'admiration. En effet, il lui perça huit
dents pendant la neuvaine.

Une dame de Paris, nommée Petit,

perdit un œil. Elle fit une neuvaine à Notre-Dame-de-Paix, et fut guérie parfaitement. Elle vivait encore et se servait librement de son œil, quand le Père Médard écrivait son histoire de Notre-Dame-de-Paix.

Un bon religieux capucin, du couvent Saint-Honoré, très avancé en âge, fut affligé pendant six mois d'un tel tremblement dans tous ses membres et particulièrement dans ses bras, qu'il avait besoin de quelqu'un pour le servir continuellement et même pour le faire manger. On regardait son infirmité comme un effet de la vieillesse, et conséquemment on la croyait incurable. Lui-même en était convaincu et ne demandait qu'une seule chose à Notre-Dame-de-Paix, savoir ; la grâce de profiter de cette épreuve pour se disposer à bien mourir. Cependant il fut parfaitement guéri par l'intercession de Marie, en sorte que non seulement il n'avait plus besoin de personne pour le servir, mais encore il assistait à tous les exercices de la communauté et s'occupait, pendant la plus grande partie du jour, à coudre les vêtements des religieux. Il travaillait même à un petit jardin. Il mourut en 1659.

Claude Huguemin, fils de Pierre Huguemin, fut affligé, à la suite de la petite vérole, d'une fluxion si grande sur les yeux, qu'il demeura sans rien voir pendant onze jours. La prunelle de l'un de ses yeux était abaissée jusqu'au dessus de la joue par une tumeur remplie d'eau noirâtre, et l'autre était entièrement fermé. On jugea qu'il ne pouvait être guéri que par l'application d'un séton. La mère craignait pour son fils une opération

si douloureuse. Elle eut recours à la
Sainte Vierge. On apporta à l'enfant
un cierge, qui avait été offert à Notre-Dame-de-Paix. Au même instant le
malade ouvrit les deux yeux. Ils paraissaient aussi grands et aussi beaux
que par le passé : il n'y restait aucune
trace du mal dont il avait été affligé,
et il n'y ressentit plus aucune douleur.

Marie Anne Chaillier (*v. n*° 10), fille
de Noël Chaillier, fut guérie à l'âge
de huit ans, à la suite d'une neuvaine à Notre-Dame-de-Paix, des
humeurs froides qu'elle avait depuis

l'âge de trois ans, et que l'on regardait comme incurables.

Un enfant, nommé François d'Étaple, demeura pendant huit mois aveugle. Tous les remèdes humains ayant été employés inutilement, sa mère recourut à Notre-Dame-de-Paix et fit une neuvaine. Le neuvième jour elle fit dire une messe à l'autel de Notre-Dame-de-Paix, et le même jour l'enfant recouvra la vue, au grand étonnement de tous les voisins et des chirurgiens qui l'avaient traité.

Non seulement la Reine de Paix, invoquée devant son Image procurait par son intercession, la santé aux malades, mais encore elle protégeait l'innocence persécutée. Le Père Médard en cite un trait remarquable. Un jeune homme, qui était au service d'une personne distinguée, s'était attiré, par sa sagesse, sa fidélité et sa bonne conduite, l'estime et l'affection de son maître. Les autres domestiques, jaloux du crédit qu'il avait obtenu, dérobent dans la maison une somme considérable, l'accusent de ce vol, subornent de faux témoins. Le prétendu coupable est mis en prison. Le

père de cet infortuné fait de vai-
nes démarches auprès des juges.
On ne lui laissa aucune espérance,
tant les preuves paraissaient convain-
cantes. Le procès s'instruisit avec un
soin particulier. Suivant la jurispru-
dence du temps, l'accusé devait être
mis à la question. Le père, désolé,
fait dire une messe en l'honneur de
Notre-Dame-de-Paix, le jour même
où son fils doit subir la torture.
Comme on se disposait à attacher ce
jeune homme au chevalet, un juge
fit observer qu'on avait assez de témoins pour le convaincre de son cri-

4

me, et que la question n'était pas nécessaire. Ainsi le jeune homme ne fut pas exposé à ce tourment rigoureux. Le lendemain on devait prononcer la sentence, et l'on ne doutait pas qu'il ne fût condamné à mort. Le malheureux père va à la Sainte Chapelle prier aux pieds du crucifix. Il entend une voix qui lui dit : Aie recours à ma Mère qui est aux Capucins. Il y va, entend une messe, et à la fin du saint sacrifice, il éprouve un sentiment intérieur et très vif que son fils est délivré du supplice. Il se retire partagé entre la crainte et l'espérance. Dans le chemin, il rencontre un ami qui lui apprend que son fils est absous et que son innocence a été reconnue d'une manière miraculeuse. En effet, pendant qu'on recueillait les suffrages, lorsque déjà plusieurs des juges avaient opiné pour la mort, un d'entre eux leur dit qu'il ne pouvait se défendre de croire que l'accusé était innocent, et il demanda que l'on fît venir un des témoins pour l'interroger de nouveau. Le témoin appelé confessa sur-le-champ la fausseté de sa déposition, avouant que depuis deux heures il était tellement tourmenté par les remords de sa conscience qu'il ne pouvait plus supporter la vie. Ainsi le jeune homme fut renvoyé absous. Le père, plein de reconnaissance, alla rendre grâces à Notre-Dame-de-Paix; et, pour perpétuer le souvenir de cette faveur signalée, il fit placer dans la chapelle un tableau où était représentée toute cette histoire.

Un autre fait non moins remarquable prouvera encore quel est le pouvoir de Marie sur les cœurs. Une dame de Paris qui avait obtenu la

guérison de son fils en priant devant la sainte Image, était remplie
de confiance en Notre-Dame-de-Paix.
Un homme de considération et qui
jouissait d'un grand crédit lui sus-
cita une affaire qui tendait à la rui-
ner entièrement. Elle ne pouvait obtenir justice. En vain elle alla le
trouver elle-même et le pria d'avoir
compassion de l'état de misère où il
la réduisait. Les démarches réitérées
qu'elle fit auprès de lui demeurèrent
inutiles. Non seulement il la rebutait
avec injure, mais même un jour il
s'emporta jusqu'à la frapper rude-

4.

ment. Cette dame affligée a recours à Notre-Dame-de-Paix ; elle la prie avec ferveur ; elle éprouve en même temps une grande consolation et se sent inspirée de retourner chez l'homme puissant qui était la cause de sa ruine. Elle y va, et non seulement il la reçoit avec douceur, mais encore il la comble d'honnêtetés, et termine sur-le-champ cette affaire de la manière la plus avantageuse pour cette pauvre dame.

Il serait trop long de rapporter tous les miracles opérés devant l'Image de Notre-Dame-de-Paix. Parmi les fidèles qui recouraient à son intercession dans leurs infirmités, les uns y recouvraient la vue dont ils étaient privés depuis plusieurs mois, et même depuis plusieurs années; d'autres, réduits à l'extrémité par une fièvre violente, ou affligés de maladies invétérées et que l'on regardait comme incurables, étaient guéris subitement.

Tant de prodiges augmentaient la dévotion des peuples envers Notre-Dame-de-Paix. La chapelle où elle

avait été transférée devint trop petite à raison de la multitude de ceux
qui venaient la visiter, surtout à cer-
taines époques de l'année. Madame de
Guise, fille du duc de Joyeuse, con-
çut le dessein de faire construire dans
la même église dès révérends pères
Capucins une autre chapelle beaucoup plus grande; mais elle mourut
sans avoir eu le temps de mettre son
pieux projet à exécution. Mademoiselle de Guise, qui avait hérité de
ses ancêtres une tendre dévotion envers la plus auguste des Vierges, ordonna, par son testament, la construc-

tion de cette chapelle. On y travailla tout de suite, et dès qu'elle fut achevée, on y transféra la sainte Image.

Cette translation se fit le 9 juillet avec la plus grande solennité. Le Nonce du Pape fut invité à faire la cérémonie, à laquelle toute la cour assista. Le Nonce, après avoir célébré la sainte Messe, transféra la sainte Image dans la nouvelle chapelle qui lui était destinée. Le roi, la reine et le duc d'Anjou l'accompagnèrent. Dans la suite, le Souverain Pontife accorda, à perpétuité, une indulgence plénière à

tous ceux qui visiteraient cette chapelle le 9 juillet, jour où fut fixée
la fête de Notre-Dame-de-Paix. Sa
Sainteté ordonna que le même jour
on chanterait l'office de l'Immaculée
Conception.

En 1658, Louis XIV étant tombé
dangereusement malade dans la ville
de Calais, les personnes les plus re-
commandables de la cour adressèrent
des supplications à Marie pour obtenir
la guérison du jeune monarque. La
duchesse de Vendôme et la marquise
de Senecey firent une neuvaine à cette

intention devant l'Image de Notre-
Dame-de-Paix. Le 9 juillet on apprit
que le roi était hors de danger. On
ne douta pas que sa guérison ne dût
être attribuée à la protection de la
Sainte Vierge. Aussi Louis XIV, étant
revenu à Paris le 14 août suivant, se
rendit le 16 du même mois dans l'é-
glise des Capucins pour témoigner sa
reconnaissance à la Mère de Dieu. La
reine voulut laisser à la postérité
un monument durable de ce bienfait, et elle fit placer dans la chapelle de Notre-Dame-de-Paix un tableau représentant la guérison du

roi obtenue par l'intercession de la Reine des Saints, à laquelle le prédécesseur de Louis XIV avait consacré la France.

Jusqu'ici nous n'avons fait qu'analyser l'histoire de Notre-Dame-de-Paix écrite par le révérend père Médard, religieux capucin. Cette histoire contient plus de deux cents pages. Elle fut publiée en 1659 avec l'autorisation du général et du provincial des Capucins, la permission du doyen de Notre-Dame-de-Paris, vicaire-général du diocèse, et elle est munie de l'approbation de plusieurs docteurs de Paris et de celle des religieux capucins qui avaient également été chargés de l'examiner.

La Statue miraculeuse de Notre-Dame-de-Paix continua d'être honorée dans sa chapelle jusqu'à la révolution. Au mois d'août 1790, les révérends pères Capucins furent contraints de quitter leur couvent de la rue Saint-Honoré. Un de ces bons religieux ne voulut pas laisser Notre-Dame-de-Paix exposée à la fureur des impies et à leurs outrages : il l'enleva, et crai-

gnant de perdre un si précieux dépôt, il consulta le révérend père
Zénon, son provincial, sur les moyens
à prendre pour la conserver. Le père
Zénon connaissait particulièrement
mademoiselle Papin, sœur du grand
pénitencier de Páris, et savait com-
bien cette pieuse demoiselle avait de
dévotion à Marie. Il crut que l'on ne
pouvait pas trouver une personne
plus propre à conserver la vénérable
Image avec tout le respect qui lui
était dû. Ce fut donc à mademoiselle
Papin que Notre-Dame-de-Paix fut
confiée et donnée sous la seule con-

dition de la remettre aux Capucines de la place Vendôme, si ces saintes filles se trouvaient encore dans leur monastère, au moment où la Providence appellerait mademoiselle Papin à une meilleure vie (*v. n° 11*). Le père Zénon en donna une attestation, datée du 24 juillet 1791.

Mademoiselle Papin garda la précieuse relique jusqu'en 1792. Obligée alors de quitter Paris, elle la confia à madame Pauline-Sophie d'Albert de Luynes, ancienne chanoinesse de Remiremont, qui avait elle-même

une tendre dévotion pour la très
sainte Vierge, et qui avait déjà
obtenu de grandes grâces en priant
devant Notre-Dame-de-Paix. Madame
de Luynes lui donna en même temps
un écrit par lequel elle reconnaissait
que l'Image vénérée appartenait à
madame Papin.

Mademoiselle Papin étant venue à
mourir, la propriété de Notre-Dame-
de-Paix passa à sa sœur madame
Papin, veuve Coipel. Cette pieuse
dame, qui avait tant perdu à la
révolution, mais qui avait trouvé

sa consolation aux pieds du Seigneur,
ne voulut pas priver madame d'Albert de Luynes du bonheur de garder la sainte Image ; et cependant ,
elle ne voulut pas non plus perdre
ses droits ou ceux de ses héritiers.
Elle consentit donc, par une lettre
du 18 février 1802 (*v. n°* 12, 17),
et ensuite par un acte du 19 octobre
de la même année, à laisser la Statue
miraculeuse à madame d'Albert, sa vie
durant, sous la condition que cette
Statue serait remise ensuite à elle ou
à ses héritiers.

Madame de Luynes, se voyant assurée, dès le mois de février 1802, qu'elle conserverait toute sa vie Notre-Dame-de-Paix, s'occupa d'en faire constater l'authenticité. Elle pria M. l'abbé de Floirac (*v. n*° 13), vicaire-général du diocèse de Paris, d'examiner et de vérifier la vénérable Image. Il le fit en effet le 6 avril 1802 : « Nous avons, dit-il, reconnu, « d'après les dépositions dignes de « foi qui nous ont été faites par des « témoins irréprochables, qui ont « signé avec nous le présent procès-« verbal, que ladite Statue de la

« Sainte Vierge est réellement la Sta-
« tue de Notre-Dame-de-Paix, placée
« autrefois au dessus de l'autel de la
« chapelle de la Sainte Vierge, dans
« l'église des Capucins de la rue Saint-
« Honoré, à Paris, et qui y a été expo-
« sée à la vénération des fidèles jus-
« qu'au moment de la destruction du-
« dit monastère. » Cet acte est signé
par M. de Floirac et par six témoins.

Pour constater dans la suite
d'une manière certaine l'authenticité
de l'Image miraculeuse, monsieur
de Floirac scella, en y apposant le

sceau de Mgr de Juigné, alors archevêque de Paris , un écrit qui indi-
quait que c'était véritablement la
Statue de Notre-Dame-de-Paix , honorée autrefois chez les Capucins.

Au mois de mai suivant , madame
d'Albert de Luynes (*v. n°* 14 , 16) demanda à son éminence le cardinal
Caprara, légat du Saint-Siége, une indulgence plénière, applicable par manière de suffrage aux âmes du purgatoire , en faveur de ceux qui , ayant
rempli les conditions prescrites, visiteraient , le 9 juillet de chaque an-

née, Notre-Dame-de-Paix, en uelque lieu qu'elle fût placée ; son éminence accorda pour sept ans l'indulgence demandée, mais sous la condition que la Statue de Notre-Dame-de-Paix serait exposée dans une église, avec l'autorisation de l'archevêque de Paris. Le rescrit du cardinal légat est du 11 mai 1802.

Madame d'Albert de Luynes ne fit pas usage de cet induit, parce qu'elle voulait toujours conserver la sainte Image dans sa chapelle particulière. Cette dame mourut en 1806.

Madame Papin, veuve Coipel, n'existait plus à cette époque. M. Coipel, qui avait épousé mademoiselle Riollet, était devenu son héritier. Il trouva dans les papiers de sa tante l'acte par lequel madame de Luynes reconnaissait que la Statue de Notre-Dame-de-Paix devait revenir, après sa mort, aux héritiers de madame Papin. Il en laissa la libre disposition à son épouse, qui jugea qu'un trésor si précieux aux yeux de la foi ne devait pas rester dans une maison particulière, mais être donné à une congrégation. De concert avec son mari, elle transmit tous ses droits et remit toutes les pièces à la révérende mère Henriette Aymer, supérieure générale des Sœurs de la Congrégation des Sacrés Cœurs de Jésus et de Marie et de l'Adoration perpétuelle du très saint Sacrement de l'autel. En conséquence, la révérende mère Henriette réclama la sainte Image aussitôt après la mort de madame de Luynes. On fit quelques difficultés pour la lui rendre. On espérait lasser sa patience; car plusieurs communautés religieuses de Paris avaient espéré l'obtenir, et la famille de Luynes souhaitait d'ailleurs de pouvoir la garder; mais enfin, comme la révérende mère Henriette Aymer avait des droits incontestables, Notre-Dame-de-Paix lui fut remise le 6 mai et déposée le même jour dans l'oratoire de Picpus. On s'empressa de construire dans cet oratoire une petite chapelle qui porta son nom, et qui fut bénite le 9 juillet suivant. Dès le 7 juillet, son éminence le cardinal de Belloy, archevêque de Paris, avait autorisé pour l'oratoire de Picpus l'exécution du rescrit d'indulgence accordé par le légat du Saint-Siége. Ce rescrit a été renouvelé ensuite , d'abord pour sept années, par un indult signé de la main même du Souverain Pontife en 1810, ensuite pour trente ans par un rescrit du 18 décembre 1814, enfin à perpétuité par un bref du 4 août 1817.

Depuis cette époque du 6 mai 1806, Notre-Dame-de-Paix n'a pas cessé d'être honorée à Picpus, et de combler de grâces ceux qui l'ont invoquée avec foi. Plusieurs malades ont été guéris en priant devant cette sainte Image.

6

PIÈCES RELATIVES A L'HISTOIRE DE NOTRE-DAME-DE-PAIX.

Nº 1. Guérison de Christine de Bar.

Attestation du chirurgien.

Je, soussigné, chirurgien ordinaire du roi, par le présent écrit atteste avoir pansé et médicamenté dame Christine, native d'Auxonne, en Bourgogne, et de présent demeurant à Paris, d'un ulcère situé à la malléole qui était incurable, selon tous les signes et toutes les apparences que nous avons reconnus; et après le rapport qui nous a été fait, qu'elle

avait été guérie miraculeusement par
le mérite et l'intercession de la bonne
Notre-Dame-de-Paix, nous nous sommes transporté en son logis, pour
en avoir les assurances; où étant,
avons visité le lieu où était l'ulcère;
avec un grand étonnement de notre
part, l'avons reconnu entièrement
guéri, n'y ayant aucune apparence,
non seulement du mal présent, mais
même qu'il doive revenir, puisqu'elle
ne se ressent plus des autres incom-
modités et fluxions qui couraient partout son corps et qui étaient le principe de son ulcère. C'est ce que nous

avons reconnu et que nous attestons par notre propre signe. Fait à Paris ce 4 septembre 1651.

Signé ADELON.

N° 2. Guérison de Claude Nicolin.

Déposition du père et de la mère de l'enfant.

Nous, Remi Nicolin et Claude Moite, père et mère de Claude Nicolin, voulant donner la gloire à Dieu et à la Sainte Vierge, sa mère, de la grâce miraculeuse qu'en a reçue notre très chère fille Claude Nicolin, certifions et attestons par le présent écrit qu'elle a été couverte d'une espèce de lèpre depuis les pieds jusqu'à la tête, dès l'âge de trois mois, qu'elle est venue

6*

au monde, ayant toujours demeuré
dans cette incommodité jusqu'au
troisième jour de septembre de la
présente année 1651; que moi, Claude Moite susdite, ayant fait vœu et
commencé une neuvaine devant l'Image de Notre-Dame-de-Paix, située en
la rue neuve Saint-Honoré, me suis
aperçue que la lèpre de ma fille com-
mençait à tomber; et ainsi conti-
nuant mes prières chaque jour, je
me suis aperçue que son corps deve-
nait tous les jours de plus en plus net
jusqu'au douzième du même mois que
je l'ai vue entièrement guérie. C'était

le dernier jour de la neuvaine; et
comme j'ai expérimenté par l'espace
de six ans et demi plusieurs sortes
de remèdes et plusieurs saignées sans
que ma fille en ait reçu du soulagement, et que maintenant je la vois
parfaitement guérie, en l'espace de
neuf jours que j'ai fait mes prières à la
bonne Vierge, sans que je lui aie ap-
pliqué aucun remède humain, je crois
en ma conscience que ma fille a reçu sa
guérison de la sainte Vierge. Je rends
grâce d'une aussi grande faveur,
étant tout prêts, moi et mon mari,
d'en faire serment devant qui il ap-

partiendra. Fait à Paris ce 13 septembre 1651.

Et comme nous ne savons pas écrire, nous avons fait une croix en la place de notre nom et de notre signe † †.

N° 3. ATTESTATION DU CHIRURGIEN.

Je certifie, et par le présent écrit atteste, avoir plusieurs fois vu et médicamenté, par l'espace de quatre ans, Claude Nicolin, fille de Remi Nicolin et de Claude Moite, qui avait le corps tout couvert d'une espèce de gale qui paraissait être de la drerie, sans que jamais elle ait puguérir ni recevoir soulagement par tous les remèdes que nous lui avons faits dans ledit temps; ce qui me faisait croire son mal être incurable, et sur le récit que ladite mère nous a fait qu'elle était parfaitement guérie par miracle et les intercessions de Notre-Dame-de-Paix, avons désiré la voir, et, après l'avoir visitée, l'avons reconnue parfaitement guérie. Fait à Paris ce 12 septembre 1651.

Signé, LESTOURCEL,
maître-chirurgien à Paris.

N° 4. GUÉRISON DE BAPTISTE DE NICARD.

Attestation du père et de la mère de l'enfant.

Aujourd'hui, date des présentes, sont comparus par devant les notaires et garde-notes du roi notre sire, en son Châtelet de Paris, soussignés, Jean Nicard, écuyer, sieur de la Chevaleray, concierge, garde-meuble du château de Madrid, et demoiselle Claude Chevray, sa femme, demeurant audit château de Madrid, proche le bois de Boulogne, lesquels ont dit et déclaré, certifié à tous qu'il appartiendra, que Jean-Baptiste de Nicard, leur fils, âgé de sept ans, ayant été travaillé, l'espace d'un an, des écrouelles, qu'il avait gagnées d'une nourrice qui l'avait nourri, ils le firent panser par le sieur Lecar, maître chirurgien et lieutenant à Surène, l'espace de trois mois et par plusieurs autres personnes avant et depuis lui, qui éprouvèrent tous les remèdes que la médecine donne pour de semblables maux, sans le pouvoir soulager en aucune façon; lesdits sieurs et demoiselle de la Chevalcray et leur dit fils eurent recours à Dieu, et firent dire des messes en plusieurs églises et même un pèlerinage à saint Marcoul à pied sans aucun soulagement à leur dit fils. D'après le récit que les dits sieur et demoiselle comparant entendirent faire des miracles qui se faisaient par l'intercession de Notre-Dame-de-Paix, l'Image de laquelle était, en l'année 1651, en la muraille des pères Capucins, qui répond dans la rue Neuve-Saint-Honoré, ils y firent faire une neuvaine, après laquelle leur dit fils ne reçut aucun soulagement. Néanmoins ils ne se rebutèrent

pas, mais eurent la plus grande confiance, et envoyèrent leur dit fils lui-
même à Paris pour faire ladite neuvaine en personne; faisant laquelle,
et à mesure qu'il achevait, lesdites
écrouelles se guérissaient, de sorte
qu'il se trouva entièrement guéri à
la fin de ladite neuvaine, au grand
étonnement et admiration de ses de
père et mère, et depuis n'en a ressentt
aucune incommodité. Ce fait en la
présence dudit Lecar, chirurgien, demeurant à Surêne, devant nommé;
Pierre Hœdus, aussi chirurgien, demeurant au port de Neuilly, et Anne

Artus, lingère, demeurant à Paris, au Marché-Neuf, lesquels ont dit et déclaré avoir pansé diversement ledit sieur Jean-Baptiste Nicard de la Chevaleray fils, lequel ils déclarent n'avoir pu guérir, comme étant un mal incurable, et qu'il n'a pu être guéri que par un miracle. Dont et de ce que dessus lesdits sieurs de la Chevaleray, demoiselle sa femme et leur fils, ont requis et demandé acte auxdits notaires, qui leur ont octroyé le présent, pour servir à la gloire de Dieu et de la très sainte Vierge sa Mère. Ce fut ainsi fait et passé, requis et octroyé, à l'égard desdits sieurs de la Chevaleray, et demoiselle sa femme et leur fils, dans ledit château de Madrid, et des autres en leurs maisons, l'an 1656, le cinquième jour d'avril avant midi, et ont signé, fors ladite demoiselle de la Chevaleray, qui a déclaré ne savoir écrire ni signer, et a fait sa marque de la Chevaleray. *Marque de la demoiselle de la Chevaleray*, † LECAR, PIERRE HŒDUS, D'AUBÉRICOURT, ANNE ARTUS.

N° 5. Guérison de Michel Frodière.

Attestation de trois témoins.

Aujourd'hui, lundi, 29 mai 1656, en l'étude et par devant nous, Nicolas Munier, greffier et tabellion en la prévôté de Huit-Sous, soussigné, en la présence des témoins ci-après nommés, sont comparus en personne dame Élisabeth Dampierre, veuve de feu Jacques Morel, chirurgien ordinaire de son altesse royale, demeurant à Paris, en la rue Dau-

phine; Élisabeth Morel, sa fille aînée,
et Jeanne Dumont, sa servante domes-
tique, étant tous de présent en ce lieu
de Huit-Sous , lesquelles unanime-
ment nous ont dit, déclaré, certifié et
attesté véritable à tous qu'il appartiendra, avoir eu bonne connaissance
de la personne de Michel Frodière, vivant, cordonnier et natif de ce dit
lieu de Huit-Sous , lequel de son vivant était devenu fort infirme de son
corps, d'une maladie qui l'empêchait
totalement de marcher, s'il n'avait des
potences de bois pour l'assister, lequel ayant long-temps usé des remè-

7*

des des médecins et chirurgiens, et n'en ayant reçu aucun soulagement, comme étant son indisposition incurable, eut recours en l'année 1651 à Notre-Dame-de-Paix qui était pour lors en la muraille extérieure du couvent des pères capucins de la rue Saint-Honoré, à Paris, et y ayant commencé une neuvaine pour recouvrer la santé, le cinquième jour d'icelle se leva et marcha librement, sans aucune de ses potences, ce qu'il n'avait pu faire depuis trois ans qu'il était en son incommodité; ce que les susdits déclarant ont d'abondant

déclaré, certifié et attesté pour véritable, pour l'avoir vu pendant et durant le cours de son infirmité, et depuis sain et bien libre depuis le recou-
vrement de sa santé, dont et ce que
dessus nous en avons fait, rédigé et
octroyé le présent acte et certificat,
pour valoir et servir ce que de raison.
Ce fut fait, comparu, déclaré, certifié
et attesté, requis et octroyé les jours
et an que dessus, en la présence de
Pierre, maître Munier, tabellion au
baillage de Louans, et de Philippe Caron, clerc, demeurant audit Huit-
Sous, témoins. Ladite Jeanne Dumont

a déclaré ne savoir écrire ni signer, de ce faire interpellée, et quant aux autres ont signé : ÉLISABETH DAMPIER- RE, ÉLISABETH MOREL, CHARLES ROU- TIN, MUNIER, tabellion, CARON.

N° 6. ATTESTATION DU CHIRURGIEN.

Aujourd'hui, date des présentes, est comparu par devant les notaires gar- de-notes du roi, notre sire, en son Châtelet de Paris, soussignés, maî- tre Lamy, chirurgien juré et de longue robe en l'Université de Paris, y de-

meurant à Saint-Germain des Prés,
paroisse de Saint-Sulpice, lequel a
dit et déclaré qu'en l'année 1651, il
a pansé et médicamenté Michel Frodière, âgé de trente-deux ans ou environ, natif de Huit-Sous, pendant
l'espace de trois mois, d'une maladie
qui occupait toute la partie inférieure
de son corps, causée par une humeur
froide, et ayant été depuis abandonné, l'espace de deux ans et demi, par
plusieurs autres chirurgiens et médecins qui ont jugé ce mal être incurable, après qu'ils y ont employé tous
les remèdes que la médecine donne

pour semblables maux, ne l'ayant en aucune façon pu guérir; ledit Frodière ayant entendu parler des miracles de Notre-Dame-de-Paix, qui est en l'une des chapelles du monastère et couvent des révérends pères Capucins de la rue Neuve-Saint-Honoré, il s'y transporta marchant avec des potences, et y fit une neuvaine, et durant icelle se trouva entièrement guéri, en sorte qu'il s'en retourna chez lui sans ses potences, ce qu'il n'avait pu faire depuis le temps de sa maladie, et ainsi que plusieurs autres personnes l'ont ci-devant certifié. Dont et de ce que dessus ledit sieur comparant a requis acte auxdits notaires, qui lui ont octroyé le présent, pour servir à la gloire de Dieu. A Paris, en leurs études, l'an 1656, le cinquième jour de juillet, et ont signé :

LAMY, LESSULIER, AMBARRITON.

N° 7. GUÉRISON D'UN ORFÉVRE NOMMÉ QUEUVANE.

Attestation du malade.

Aujourd'hui est comparu par devant les notaires garde-notes du roi , notre sire , en son Châtelet de Paris , soussigné Charles Queuvane , maître orfévre à Paris, y demeurant Vieille-Rue-du-Temple, proche l'Hôtel-Dieu, paroisse de Saint-Gervais , certifie à

tous qu'il appartiendra, qu'il a reçu
la guérison d'une fièvre chaude de
vingt-trois jours , ayant perdu la
connaissance sans relâche, ce qui l'a-
vait réduit à la dernière extrémité, en
telle sorte que deux médecins qui le
voyaient l'avaient abandonné, comme
aussi le chirurgien; et, comme il était
à l'agonie , plusieurs de ses voisins
étant venus pour le voir passer de
ce monde en l'autre , sa femme étant
aussi très malade , la garde-malade
qui le gardait, nommée Marie Millet,
se transporta au couvent des pères
de la rue Neuve-Saint-Honoré , et fut

prier la Vierge Notre-Dame-de-Paix. Étant dans l'une des chapelles de leur église, on lui présenta un cierge qu'elle fit brûler devant ladite Sainte Vierge et Image d'icelle, et après lui avoir fait ses prières pour lui, elle s'en retourna en la maison, dans la pensée qu'il serait déjà mort ; mais elle le trouva en pleine santé, c'est-à-dire sans fièvre, en bon jugement, sans mal de tête et autre incommodité, en sorte qu'il ne lui restait que la faiblesse d'une si fâcheuse maladie. C'est ce qu'il reconnaît lui être arrivé sur la fin de septembre 1652, par les

prières et l'intercession de ladite
Vierge Notre-Dame-de-Paix, dont il
a requis le présent acte, pour servir
à qui il appartiendra. Ce fut fait et
passé en l'étude de Leroi, l'un desdits
notaires soussignés, en la présence
de Nicolas Beaussault, sergent à cheval au Châtelet de Paris, Charles
Beaussault, praticien, Antoine Hébert, chirurgien à Paris, et de ladite
Marie Millet, qui l'a gardé pendant sa
dite maladie, l'an 1656, le quinzième jour de mars après midi. Ladite
Marie Millet a déclaré ne savoir signer
de ce interpellée, pour satisfaire à

l'ordonnance, et les autres ont signé :
CH. QUEUVANE, BEAUSSAULT, BEAUS-
SAULT DE MONTHENAULT, LEROY,
HÉBERT.

N° 8. GUÉRISON D'ANTOINE DUCHESNE.

Attestation de quatre témoins.

Aujourd'hui sont comparus par-
devant les notaires et garde-notes du
roi, notre sire, en son Châtelet de
Paris, soussignés, honorable homme
Étienne Donguerne, marchand bourgeois de Paris, demeurant rue de la
Cérillerie, paroisse Saint-Barthélemi;
Paul Labbé, maître peignier tabletier
à Paris, demeurant sur le quai regar-

8·

dant la Mégisserie, paroisse susdite ;
Jean Petit, maître tailleur d'habits,
à Paris, demeurant rue de la Vieille-
Draperie, paroisse des Arcis, et Joachim Duplis, maître gantier parfu-
meur, à Paris, demeurant rue de la Pel-
leterie, paroisse de Saint-Jacques-de-
la-Boucherie, lesquels ont dit, déclaré, reconnu et confessé pour vérité,
affirmé à tous qu'il appartiendra,
qu'Antoine Duchesne, fils de Jean Duchesne, maître peignier tabletier, à
Paris, et de Marie Lesueur, sa femme,
étant tombé malade d'une grosse fièvre, qui lui a duré l'espace de quatre

mois et demi , qui ont commencé au mois d'avril de l'année 1654 , sans y pouvoir trouver aucun soulagement , même a été abandonné du sieur Bourgault, médecin, qui l'a soigné pendant sa maladie ; étant donc malade à l'extrémité , près de rendre son âme à Dieu , ladite Marie Lesueur, sa mère, l'a recommandé aux prières des révérends pères Capucins de la rue Saint-Honoré , et ensuite a fait vœu devant l'Image de la Sainte Vierge , Notre-Dame-de-Paix, qui est en l'église desdits révérends pères Capucins, de faire une neuvaine, pour recouvrer la santé

de son fils ; et au même temps qu'elle
a été commencée, il a eu beaucoup de
soulagement de sa dite maladie. A mesure qu'elle faisait icelle neuvaine, il
se portait de mieux en mieux, et à la fin
il a été entièrement guéri : dont et de
quoi ledit Jean Duchesne, frère dudit
Antoine Duchesne, pour ce présent,
a demandé et requis acte auxdits notaires, qui lui ont octroyé le présent,
pour lui servir ce que de raison, et
fut ainsi fait, dit, déclaré, reconnu,
confessé, affirmé, requis et octroyé
ès étude desdits notaires soussignés,
le dix-septième jour de mars 1656

après midi, et ont signé : DONGUERNE,
PAUL LABBÉ, JEAN DUCHESNE, JOACHIM
DUPLIS, JEAN PETIT DUPUY.

N° 9. Déposition du père d'Antoine Duchesne.

Moi Jean Duchesne, marchand peignier tabletier, bourgeois de Paris, de
la paroisse de Saint-Pierre-des-Arcis,
confesse avoir eu un petit garçon
nommé Antoine Duchesne, de ma femme Marie Lesueur, lequel était tombé
dans une maladie de langueur, accompagnée d'une fièvre et d'une quinte,
qui lui a duré plus de quatre mois
continuels, sans trouver aucun sou-

lagement par tous les remèdes qu'on
lui a faits, si bien que le médecin
l'ayant trouvé à la dernière extrémité, l'abandonna. Alors je fis vœu à la
Sainte Vierge, Reine de Paix, de faire
une neuvaine, si par son mérite mon
fils pouvait retrouver sa santé. Ce qui
est admirable, aussitôt, il commença à revenir, et sa santé augmentait
à mesure que la neuvaine se faisait,
à la fin de laquelle il fut entièrement
guéri, en telle sorte qu'il ne lui resta
que de la faiblesse d'une si fâcheuse
maladie : et de plus, ce qui m'a donné
de l'étonnement, c'est qu'il lui a

percé huit dents pendant sa neuvaine.
C'est ce que je confesse, à la plus
grande gloire de Dieu et de la Sainte
Vierge, Reine de Paix, aux mérites
desquels je me recommande et toute
ma famille. — JEAN DUCHESNE.

Nº 10. GUÉRISON DE MARIE-ANNE CHAILLIER.

Attestation des Parents de l'enfant.

Je, Noël Chaillier, juré porteur de grains de cette ville, faubourg et banlieue de Paris, certifie avoir l'obligation entière à la très-honorée Vierge de la Paix, du couvent des révérends pères Capucins de la rue Neuve-Saint-Honoré de cette dite ville de Paris, de ce que, par sa toute-

9

puissance, elle a garanti Marie-Anne
Chaillier, ma fille, d'un mal incurable d'humeurs froides, dont elle était
bien affligée, tant des pieds que des
mains, depuis cinq années environ,
après l'avoir fait médicamenter de
toutes sortes d'onguents, ce qui n'a
apporté aucune diminution à son
mal. Ayant eu recours à la très-hono-
rable Reine du Ciel et Mère de la Paix,
et fait une neuvaine pour ladite
enfant, âgée de huit ans, elle se
trouve entièrement guérie depuis un
an, qu'elle a fait elle-même sa neuvaine. Il ne se passait point d'hiver

que son mal n'augmentât beaucoup,
et ce dernier elle était entièrement
guérie, dont je loue Dieu et sa digne
Mère. Fait aujourd'hui neuvième jour
d'août 1654. Chaillier.

Marie Dumoulin, femme du sieur
dit Noël Chaillier, certifie ce que
dessus être vrai, touchant sa fille
Marie-Anne Chaillier, qu'elle dit être
si parfaitement guérie de ses écrouelles ou humeurs froides, qu'elle ne
s'en ressent aucunement, les marques
restant seulement en ses mains et ses
pieds, mais non en ses joues et gorge.
Et ne pouvant écrire, elle a fait ici

une marque, pour certificat de ce que dessus. Fait à Paris dix-septième août 1654 †. De plus je confesse que messieurs Langlais et Capon, médecins, ont jugé être impossible de pouvoir jamais recevoir sa guérison du mal susdit. En foi de quoi j'ai signé : LOUISE DUMOULIN, LOUISE DE HAUTE-MAISON.

Pierre Spens', crieur ordinaire du roi et de la ville de Paris, oncle de ladite Marie-Anne Chaillier, certifie qu'elle a été guérie par les intercessions de la très-glorieuse Vierge. En témoignage de quoi j'ai signé le présent certificat. P. SPENS.

N° 11. ACTE DU RÉVÉREND PÈRE ZÉNON,

Provincial des Capucins.

Je soussigné, provincial des Capucins de la province de Paris, certifie qu'au mois d'août dernier, temps où nous avons évacué notre couvent de la rue Saint-Honoré, un religieux nous a prévenu, dans le dessein que nous avions de nous emparer de l'Image de Notre-Dame-

9·

de-Paix, solennellement fêtée et re-
gardée comme miraculeuse dans
notre maison; mais que ce même
religieux, craignant qu'un si précieux dépôt ne vînt à lui échapper,
est venu me consulter sur la manière
de la placer convenablement. Alors,
me rappelant la tendre et soigneuse
dévotion de mademoiselle Papin,
pour les images et statues de la Mère
de Dieu, je lui adressai ce religieux
qui lui remit la Notre-Dame-de-Paix.
En foi de quoi je lui ai donné le présent. A Paris, ce 24 juillet 1791.

F. ZÉNON, *provincial.*

Je certifie de plus avoir mis pour condition de la remise faite à mademoiselle Papin de l'Image et de l'histoire de Notre-Dame-de-Paix, que le tout serait remis aux Capucines de la place Vendôme, dont je suis supérieur, dans le cas où ces saintes filles seraient encore dans leur monastère au moment où la Providence appellerait mademoiselle Papin dans le sein de sa miséricorde.

F. Zénon, *provincial.*

N° 12. Lettre de madame Coipel, née Papin, a madame d'Albert de Luynes. 18 février 1802.

Madame, les hommes proposent et Dieu dispose. Vous, comme moi, nous étions dans le désir et l'espérance de revoir mon frère, grand pénitencier. Dieu en a disposé. Il est mort le 28 janvier dernier, en vingt-quatre heures de temps. Je ne puis vous exprimer ma douleur; sa perte est pour moi irréparable. Je le re-

commande à vos ferventes prières.
J'aurais été charmée qu'il nous eût vues
toutes les deux, afin de donner à cha-
cune le calme à son désir, sur la possession de Notre-Dame-de-Paix. Pour
avoir la paix entre nous deux, il faut
faire un traité ensemble, et lequel il
vous sera facile d'accepter. Je vous
la laisserai en possession votre vie
durant, et à votre mort, elle me sera
rendue ou à la personne qui sera porteur de votre obligation, avec la permission d'écrire mon nom derrière
Notre-Dame-de-Paix. Cette précaution
m'est utile, de crainte qu'après

vous elle ne soit changée. Cette précaution ne peut point vous faire de
peine ; elle vous assure du précieux
objet dont vous êtes la dépositaire.
J'ai à la maison un petit livre, que du
vivant de ma sœur elle m'a donné, qui
contient différents miracles. Agréez,
madame, l'assurance de la vénération et du respect que je vous porte.
Je recommande au nombre de vos
bienfaits une pauvre femme infirme
qui devient aveugle. Elle est bien
chrétienne, et a professé sa foi dans
toutes les occasions ; je suis dans
l'impuissance de lui donner aucune

chose, puisque j'ai tout perdu ; mais
j'aime et j'ai le désir d'aimer Dieu.
C'est de la part de votre très humble
et obéissante servante,

F. COIPEL.

N.° 13. Vérification de l'authenticité de Notre-Dame-de-Paix faite par M. Floirac, vicaire-général du diocèse de Paris.

Nous, soussigné, vicaire général de Mgr l'illustrissime et révérendissime Antoine-Éléonore-Léon de Juigné, Archevêque de Paris, etc., invité par madame d'Albert de Luynes à nous transporter dans son hôtel situé à Paris, rue de l'Université, pour y examiner et vérifier la Statue

de Notre-Dame-de-Paix, qui y est
déposée, nous nous y sommes rendus
en ce jour, et après avoir examiné une
petite statue de la Sainte Vierge, de
bois de couleur brune, dont on ne peut
certainement spécifier les qualités,
ayant onze pouces de hauteur, sans
y comprendre le piédestal, portant
sur son bras gauche l'enfant Jésus,
nous avons reconnu, d'après les dépositions dignes de foi qui nous
ont été faites par des témoins irréprochables, qui ont signé avec nous
le présent procès-verbal, que ladite
statue de la sainte Vierge est réelle-

ment la Statue de Notre-Dame-de-
Paix , placée autrefois au dessus de
l'autel de la chapelle de la Sainte
Vierge, dans l'église des Capucins de
la rue Saint-Honoré, à Paris, et qui y a
été exposée à la vénération des fidèles depuis un grand nombre d'années,
jusqu'au moment de la destruction dudit monastère. Cette Statue fut donnée à mademoiselle Papin par le révérend père Zénon , provincial des
religieux capucins , ainsi qu'il est
prouvé par son acte du 14 juillet 1791.
Mademoiselle Papin , en quittant
Paris en l'année 1792, l'a remise à

madame d'Albert de Luynes, laquelle dame m'a dit l'avoir maintenant en sa disposition, d'après un accord fait avec la famille de mademoiselle Papin, après la mort de ladite demoiselle ; pour constater à l'avenir d'une manière certaine l'authenticité de ladite Statue, nous avons apposé au bas de cette statue, sur le revers, une cédule, que nous avons fixée avec le sceau de Mgr l'Archevêque, sur laquelle nous avons écrit les paroles suivantes : *Statue de Notre-Dame-de-Paix, exposée autrefois à la vénération publique, au dessus de l'autel de* la chapelle de la sainte Vierge, dans l'église des religieux capucins de la rue Saint-Honoré, à Paris. En foi de quoi nous avons signé ce présent procès-verbal, et y avons apposé le sceau de Mgr l'Archevêque de Paris. A l'hôtel de madame d'Albert de Luynes, rue de l'Université, ce 6 avril 1802. — DE FLOIRAC, vicaire-général, ALBERT DE LUYNES, SURVILLE, GARNON, L. H. DE MESSILLAC, LE FRÈRE GODARD.

N° 14. Lettre de madame d'Albert
de Luynes au cardinal Légat. 1802.

Monseigneur, Pauline-Sophie d'Albert de Luynes, ancienne chanoinesse
de Remiremont, et petite nièce de feu
son éminence Mgr le cardinal de Luynes, mort archevêque de Sens, a
l'honneur d'exposer à votre éminence
que depuis dix ans elle possède la
précieuse Statue de Notre-Dame-de-
Paix, ci-devant révérée dans l'église
des Capucins de la rue Saint-Honoré,

comme miraculeuse. Cette Statue de la Sainte Vierge avait appartenu au père Ange de Joyeuse ; elle fut transférée des murs extérieurs des Capucins dans une chapelle intérieure de leur couvent, qui lui fut érigée par la famille de Joyeuse, après la guérison du roi Louis XIV à Calais. La cérémonie de l'inauguration de ladite chapelle fut faite par Mgr le nonce Bagny. Notre Saint Père accorda une indulgence plénière pour le 9 juillet, jour de la fête de ladite chapelle. La suppliante, pénétrée de dévotion envers la Sainte Mère de Dieu, et ayant une singulière vénération pour son Image miraculeuse, supplie humblement sa Sainteté de vouloir renouveler l'indulgence déjà accordée, comme il est constaté dans le livre de l'origine et de la dévotion de Notre-Dame-de-Paix , fait par un religieux capucin , et déposé dans la bibliothèque nationale; madame d'Albert aura l'honneur de présenter ledit livre à son éminence Mgr le cardinal légat. Elle demande l'indulgence plénière, applicable par manière de suffrages aux âmes du purgatoire, pour tous les fidèles qui, ayant rempli les con-

ditions prescrites pour gagner les indulgences, visiteront, le 9 juillet de
chaque année, la Statue de Notre-
Dame-de-Paix partout où elle sera.
La Suppliante ne cessera d'offrir des
vœux au ciel pour la conservation
de notre saint père Pie VII et pour la
gloire de son règne : ses prières ne se-
ront pas moins ardentes pour son
éminence Mgr le cardinal légat.

N° 15. RESCRIT D'INDULGENCES
DU 11 MAI 1802.

Parisiis, Die 11 maii 1802. De spe-
ciali apostolicâ auctoritate à sanc-
tissimo Domino Nostro Pio papâ
VII nobis benignè concessâ, indul-
gentiam de quâ in precibus et formâ
in apostolico brevi expressis, ad
aliud septennium prorogamus, cum
facultate eamdem lùcrandi in eâ Ec-
clesiâ in quâ de licentiâ legitimi
ordinarii sacra introscripta Imago

deiparæ Virginis die nonâ julii publi-
cæ fidelium venerationi exponetur,
quæ quidem indulgentia etiam ani-
mabus in purgatorio detentis per
modum suffragii applicari poterit.
J.-B. CAPRARA legatus.

N° 16. LETTRE DU CARDINAL LÉGAT A MADAME D'ALBERT DE LUYNES. 28 MAI 1802.

Madame, le Saint-Siége n'est pas dans l'usage d'accorder des indulgences attachées à une image et à un oratoire particulier. S'il en a agi autrement dans les circonstances orageuses d'où nous sortons, il ne le peut aujourd'hui que les églises sont ouvertes; j'ai fait tout ce qu'il est en mon pouvoir de faire, en permettant que l'indulgence soit attachée à l'é-

glise dans laquelle la Statue que vous
possédez sera exposée le 9 juillet,
quoiqu'en général il soit nécessaire
de déterminer l'église, sans la liberté
de la changer dans la suite. Quant à
la permission que vous devez obtenir
de l'ordinaire, je vous observe qu'elle
est toujours indispensable pour la
publication des indulgences auxquelles tous les fidèles peuvent participer.
Je me flatte que d'après les éclaircis-
sements que je viens de vous donner
vous avez lieu d'être contente du rescrit ci-joint. Agréez l'assurance, etc.
Le cardinal CAPRARA.

N° 17. Acte de madame Papin, veuve Coipel, du 19 octobre 1802.

Moi, Papin, veuve Coipel, promets en mon nom et celui de mes héritiers de laisser à madame d'Albert, sa vie durant, la Statue de Notre-Dame-de-Paix, de bois noir, haute de onze pouces, sans le piédestal, l'autorisant cependant à remplir les intentions du père provincial des Capucins, et de feu ma sœur, mademoiselle Papin, en remettant aux Capucines de la place Vendôme, ladite Statue de Notre-Dame-de-Paix, si elles rentraient dans leur maison, pourvu qu'elle justifie, à moi-même ou à telle personne qui se présenterait de ma part avec la reconnaissance qu'elle m'en a donnée, qu'elle a remis aux Capucines ladite Statue de Notre-Dame-de-Paix. Fait à Paris le 27 vendémiaire an 11 (19 octobre 1802).

La composition typographique a été faite par les enfants pauvres et orphelins de l'Établissement de Saint-Nicolas, rue de Vaugirard, 98.

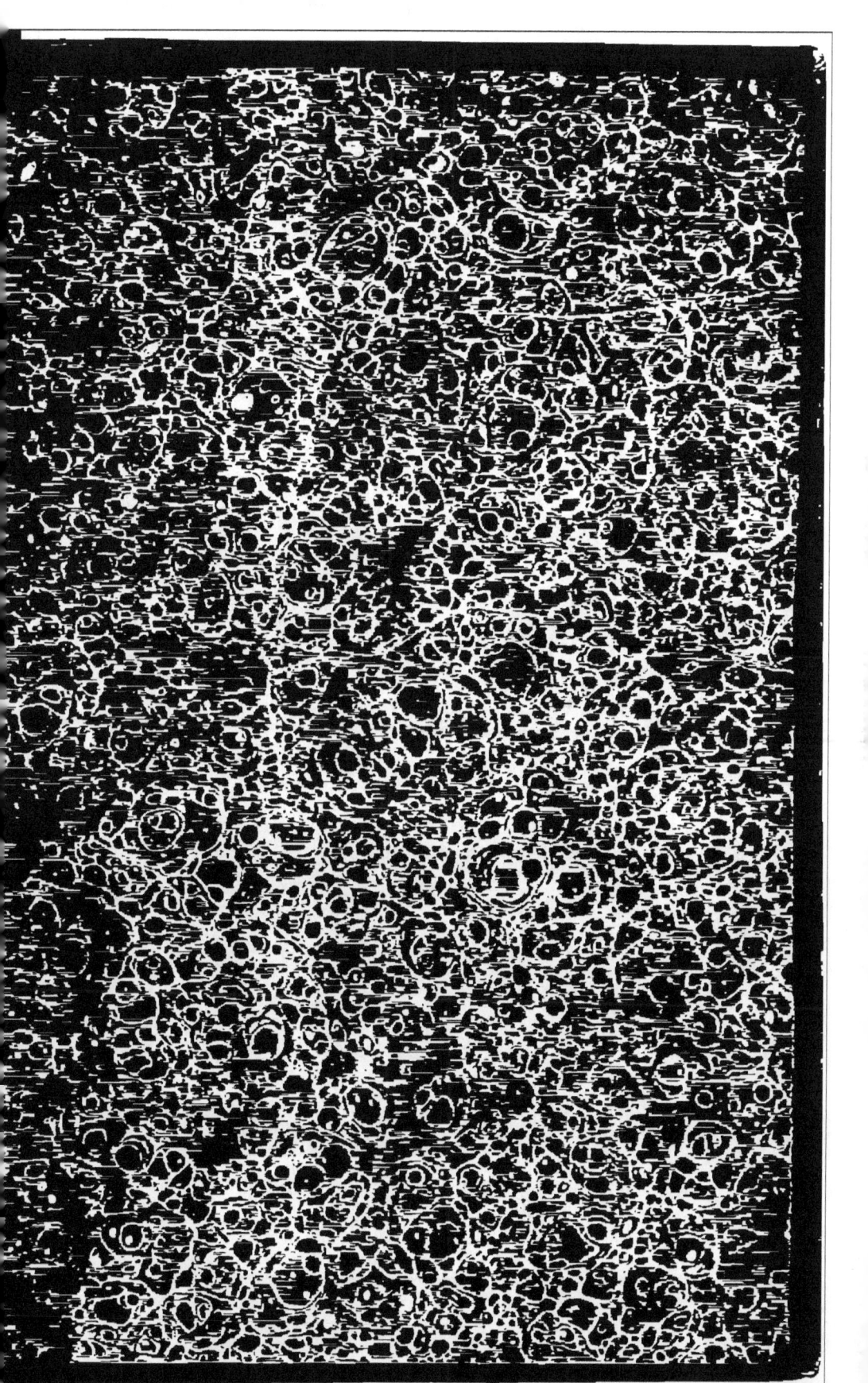

www.ingramcontent.com/pod-product-compliance
Lightning Source LLC
Chambersburg PA
CBHW071943100426
42737CB00046BA/2065